VIDA SAUDÁVEL, VIDA FELIZ

#desafioemagrecer

MÁRCIA RIBAS

VIDA SAUDÁVEL, VIDA FELIZ

#desafioemagrecer

EDITORA
SANTUÁRIO

Direção editorial:
Pe. Fábio Evaristo R. Silva, C.Ss.R.

Revisão:
Luana Galvão

Coordenação editorial e Copidesque:
Ana Lúcia de Castro Leite

Diagramação e capa:
Bruno Olivoto

**Dados Internacionais de Catalogação na Publicação (CIP)
(Câmara Brasileira do Livro, SP, Brasil)**

Ribas, Márcia
    Vida saudável, vida feliz / Márcia Ribas. – Aparecida, SP: Editora Santuário, 2017.

    ISBN: 978-85-369-0486-3

    1. Emagrecimento 2. Perda de peso 3. Saúde – Promoção I. Título.

17-02735   CDD-613.712

Índices para catálogo sistemático:

1. Perda de peso: Emagrecimento:
   Promoção de saúde 613.712

1ª impressão

Todos os direitos reservados à EDITORA SANTUÁRIO – 2017

Rua Pe. Claro Monteiro, 342 – 12570-000 – Aparecida-SP
Tel.: 12 3104-2000 – Televendas: 0800 - 16 00 04
www.editorasantuario.com.br
vendas@editorasantuario.com.br

SUMÁRIO

Introdução | 7

1. O que você realmente deseja? | 13

2. Distância entre corpo, sentimentos e emoções | 23

3. Você é responsável por suas escolhas | 31

4. Gordura e doença não têm nada a ver... têm? | 41

5. Atividade física: com ou sem vontade, o que importa é o benefício | 51

6. O que a comida da festa tem a ver com o perdão? | 61

7. Amizade ajuda a emagrecer | 71

8. Quando quiser, eu emagreço | 81

9. Não se assuste se, ao emagrecer, algumas pessoas se afastarem de você | 91

INTRODUÇÃO

Definitivamente, eu não sou o tipo de pessoa que nasceu com a senha da magreza. Tenho tendência para engordar, metabolismo lento, sou ansiosa, adoro comer, mas não gosto de atividade física, e por aí vai.

Contudo, eu consegui emagrecer 40 kg e mantenho meu peso há 10 anos! Realização do sonho que transformou minha vida e que me deu a capacidade de detectar pontos importantes, quando o assunto é emagrecer. Conquistei meu sonho porque ansiava por VIDA. Enfrentei meus medos e limites com a minha ajuda e a de muitas outras pessoas, conhecidas ou não.

Muita gente deseja emagrecer, e já tentou isso de várias formas, assim como eu. Emagrece, mas não mantém o peso. O que mais dói é que a cada tentativa frustrada o desânimo aumenta, a força diminui e a sensação de incapacidade de tomar as rédeas da própria vida causa um grande vazio. Tudo isso tende a nos distanciar da nossa *verdade* e *essência*, lugar onde se encontram a *força, resposta e direção* para irmos ao encontro da nossa liberdade.

"ESTAR FORA DO PESO TEM O PESO DE UMA PRISÃO."

Ao interagir com este livro, você vai perceber que do seu lado há muitas oportunidades de *emagrecer para sempre*. Porém *o segredo está em treinar seu olhar para detectá-las e então se autorizar* a recebê-las e ser feliz. Além disso, entenderá que há um mecanismo especialista em fazer com que desistamos de nossos sonhos, especialmente dos que nos farão pessoas melhores.

Querer emagrecer é importante, mas não é tudo. Este livro tem a missão de desafiá-lo(a) a se desafiar, a se questionar, a se conhecer, ir ao encontro de seu melhor, a cada dia, para então conquistar o tão sonhado emagrecimento.

Não há milagre ou mágica nisso. Seu empenho é extremamente necessário. Responda aos questionamentos, faça suas anotações, coloque em prática o que sente e transforme seu sonho em realidade, simplesmente porque VOCÊ merece.

"EMAGRECER É UMA FORMA DE VIVER A VIDA COM LIBERDADE E INTENSIDADE."

Você merece lembrar:
- ✓ Seu sonho existe para ser realizado.
- ✓ Você é capaz de realizar sonhos.
- ✓ Seu sonho realizado é capaz de transformar sua vida e a de outras pessoas também.

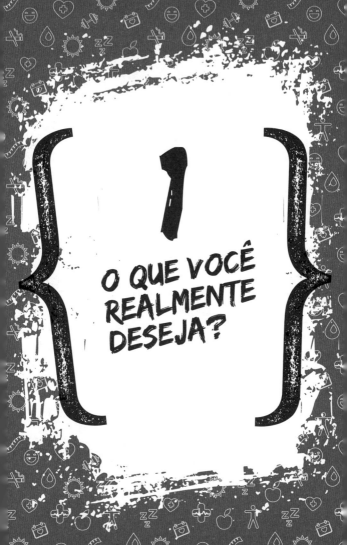

1

O QUE VOCÊ REALMENTE DESEJA?

Você já viveu a experiência de ir até uma loja de roupas, para comprar algo específico, e voltar para casa com algo totalmente diferente do que queria ou necessitava? Eu já. Em minha cabeça, eu sabia o que queria, mas não conseguia expressar isso com clareza para o vendedor. Voltava para casa com várias peças que não favoreciam meu corpo e que não combinavam com o que eu já tinha. Isso me irritava muito. Sempre antes de ir às compras, lembrava desse meu "limite" e naturalmente me vinha o pensamento: "Defina qual é sua real necessidade para não comprar gato por lebre e ficar chateada sem razão". Porém não reagia ao pensamento.

> "EMAGRECI QUANDO ENTENDI MINHA REAL NECESSIDADE, DIANTE DO EMAGRECIMENTO, QUE IA MUITO ALÉM DO FATO DE ME SENTIR BONITA E CONFORTÁVEL EM MINHAS ROUPAS."

Estava perdendo minha identidade. Acreditava ser uma pessoa sem iniciativa, indisciplinada, desmotivada, descomprometida, enfim. Mas, se alguém precisasse de minha ajuda, magicamente minhas incapacidades transformavam-se em capacidades e tudo se resolvia. Ou seja, eu era capaz! Só não sabia usar minhas capacidades a meu favor. Descoberta mágica: *era preciso trabalhar minha autoestima*.

O primeiro passo foi me olhar com compaixão, assumir minhas dores (eu era totalmente indiferente a elas), perdoar-me e reconhecer que precisava de ajuda. Na prática, vivi um dia após o outro justamente para não me intimidar com o peso do resultado final. Fiz o que estava a meu alcance. Se alguém me oferecia ajuda no trabalho, por exemplo, eu aceitava. Simples, porém, custoso para mim por dois motivos: eu não tinha noção de que precisava de ajuda e tinha muita dificuldade de expressar isso por meio de um pedido.

Quantas vezes você tentou emagrecer e não conseguiu e, por conta disso, acreditou que não ia dar certo. É normal. Eu fiz isso muitas vezes, até entender que era preciso começar do zero, e emagrecer de dentro para fora. Ouça o que seu interior está falando e traduza-o de maneira correta.

Reflita

Como você tem se conectado com sua voz interior e o que pode fazer para melhorar essa comunicação?

Você merece lembrar:

- ✓ É muito fácil perder o foco daquilo que fazemos e desejamos, como se nunca tivéssemos tido contato com aquilo. Porém o contato existe, pode apenas não ser o mais eficaz.
- ✓ A disposição que você dedica de forma exemplar em benefício do outro deve estar a seu serviço, constantemente. O procedimento é o mesmo. Pense nisso!
- ✓ Perdoar-se a si mesmo é uma forma de ser mais sensível a você, ao próximo e à vida.

Coloque em prática agora!

✓ Escreva tudo o que você nunca disse sobre o significado que o emagrecimento tem para você.

✓ Liste as dores físicas e emocionais que sente, por conta de estar fora do peso.

✓ Anote aonde quer chegar com seu emagrecimento.

✓ Defina quais passos serão dados para isso acontecer, a partir de agora.

✓ Detecte qual é a ação que pode colocar em prática HOJE e escreva o que precisa para começar.

✓ Viva um passo de cada vez, com simplicidade, leveza, alegria e muita comemoração.

ANOTAÇÕES

21

{ 2 }

DISTÂNCIA ENTRE CORPO, SENTIMENTOS E EMOÇÕES

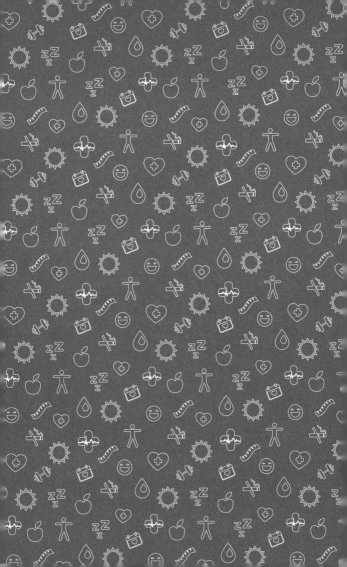

2
DISTÂNCIA ENTRE CORPO, SENTIMENTOS E EMOÇÕES

Ao subir a escada de meu prédio, após o primeiro dia de caminhada, determinada pela endocrinologista – e que não foi nada agradável –, senti um forte desejo de conhecer o formato "normal" de meu corpo, já que nesse dia eu carregava 40 kg a mais e que, definitivamente, não eram meus. Eu nunca havia pensado dessa forma.

Confesso que cheguei a esse ponto sem perceber tamanha distância que havia estipulado entre meu corpo, minhas emoções e meus sentimentos. Era indiferente a minha dor.

> "NINGUÉM GOSTA DE SOFRER, E É NATURAL O FATO DE EVITAR A DOR DE ALGUMA FORMA. TODAVIA, MUITAS VEZES, PARA CURAR A FERIDA É NECESSÁRIO ADOTAR ALGUM PROCEDIMENTO, COMO LAVÁ-LA, POR EXEMPLO. ISSO DÓI, MAS É DOR QUE CURA E LIBERTA. O MEDO DE SENTIR DOR APRISIONA, SUFOCA E PODE LEVAR À GANGRENA."

Muita gente me pergunta se é difícil emagrecer. Respondo com outra pergunta: É difícil estar obeso? Você já parou para pensar nisso? É cômodo continuar do jeito que se está, porém saiba que está pagando um preço altíssimo por isso. A conta vai chegar, com ou sem sua consciência, ela precisa apenas de sua concessão. E aí, não vai adiantar espernear.

Não tenha medo de desejar uma vida totalmente nova, de mudar seus hábitos, de se ver de maneira muito melhor. Verá que muito maior que a dor e o sacrifício, implícitos nessa atitude, serão os resultados que alcançará e que vão muito além da estética. Você vai se encontrar com sua essência, e isso não tem preço.

Reflita

O que seu corpo está tentando lhe falar por meio da forma em que se encontra hoje?

Você merece lembrar:
- ✓ É loucura continuar fazendo a mesma coisa e desejar resultado diferente.
- ✓ Quanto mais consciência tiver sobre seus atos, mais força de decisão terá.
- ✓ Faça as pazes com seu corpo.

Coloque em prática agora!
- ✓ Escreva como você se sente em relação a seu corpo, hoje.
- ✓ Faça uma lista com o que tem deixado de viver por conta do peso a mais que tem carregado.
- ✓ Faça outra lista com o que deseja viver a partir de seu emagrecimento.
- ✓ Detecte o motivo que o leva a se submeter ao peso a mais que carrega.
- ✓ Defina qual é o passo a ser dado neste momento.
- ✓ Descubra quais são os consentimentos que o levam a engordar e que não estão diretamente ligados à comida.

ANOTAÇÕES

30

{ 3 }

VOCÊ É RESPONSÁVEL POR SUAS ESCOLHAS

3

VOCÊ É RESPONSÁVEL POR SUAS ESCOLHAS

Sou formada em comunicação social e fiz pós-graduação de *Counseling* (Aconselhamento). Em um dos módulos, fiquei frustradíssima ao ouvir o professor dizendo que o sucesso do presente e futuro independe do passado, no sentido de escolhas. Se algo não deu certo até o momento, não quer dizer que será sempre assim. É uma questão de adquirir novas atitudes perante a vida.

Fiquei muito brava, pois, até aquele momento, na tentativa de me safar, havia jogado a culpa de meu insucesso (em relação a todas as áreas de minha vida) nas costas de alguém. Só não tinha noção de que nada de novo acontecia, justamente por isso.

Minhas frases eram as seguintes: "Sou gorda, porque em casa ninguém faz dieta comigo; sou ansiosa, porque meu chefe me dá muita responsabilidade no trabalho; não tenho tempo para cuidar de minha saúde, porque preciso cuidar da vida dos outros; não emagreço, porque a academia é longe de casa; não emagreço, porque não tenho condição financeira para ter acompanhamento médico; porque fulano não fez isso ou aquilo, enfim".

Meu professor me fez entender que eu sou a única pessoa responsável por minhas escolhas e que, independentemente de qual seja, sempre terei a opção de escolher entre uma coisa ou outra, consciente de que nada cai do céu. Essa é uma verdade impactante e nada agradável de ouvir, concordo. Por outro lado, é o que valida o fato de sermos pessoas livres e responsáveis.

> "SÓ CONSEGUI MUDAR MINHA POSTURA DIANTE DA VIDA PORQUE, NAQUELE MOMENTO, DECIDI DEIXAR DE DISTORCER A IMAGEM QUE TINHA DE MIM MESMA, DAS PESSOAS E DA MINHA HISTÓRIA."

Desde então deixei de me comportar como vítima e assumi o papel de protagonista. Tem sido mágico. O resultado que busquei a vida toda tem chegado de forma muito simples hoje. Não quer dizer que isso seja fácil, exige coragem, determinação e muito trabalho. Mas faz muito sentido e muda tudo.

Enquanto deixar sua vida nas mãos de outras pessoas, nada vai mudar. E me desculpe por falar isso, mas o fato de pensar que isso ou aquilo não é de sua responsabilidade porque, por livre e espontânea vontade, delegou sua vida às mãos de outra pessoa, não o isenta das consequências de seu ato.

Reflita

Que atitude mais simples pode ter para tomar de volta a rédea de sua vida e transformar impossibilidade em possibilidade?

Você merece lembrar:

- ✔ No momento em que você decidir encarar a vida de forma diferente e cheia de possibilidade, as coisas começarão a acontecer, de fato.
- ✔ Quando estiver com dúvida, peça um tempo para pensar e dê resposta depois.
- ✔ Você é livre para fazer qualquer escolha, porém lembre-se de que a consequência vem como bônus intransferível.

Coloque em prática agora!

- ✓ Deixe de ser vítima em suas relações. Assuma o papel de protagonista de sua própria história.
- ✓ Liste o que está pendente em relação ao projeto de emagrecer, que só depende de você.
- ✓ Qual é a escolha a ser feita, agora, e o que vem ao encontro de suas aspirações mais profundas?
- ✓ Escreva sobre seus pontos fortes e pontos fracos, na hora de fazer escolhas.
- ✓ O que deixará de viver, se não escolher por você, neste momento?
- ✓ Não abra mão de seus sonhos e lembre-se de que eles dependem de suas escolhas.
- ✓ Quais foram os sonhos dos quais você abriu mão, e que impacto isso causou em sua vida, hoje?
- ✓ A realização de seus sonhos depende de suas escolhas.

ANOTAÇÕES

4

GORDURA E DOENÇA NÃO TÊM NADA A VER... TÊM?

4
GORDURA E DOENÇA NÃO TÊM NADA A VER... TÊM?

Como já disse, nunca fui magra. Sentia-me incomodada com o fato de estar gorda. Mas, em nenhum momento, pensei que gordura tivesse a ver com doença. Até o dia em que, em uma consulta médica, descobri que estava a um passo de me tornar diabética. Minhas taxas estavam todas desreguladas, e meu quadro de saúde era delicado.

Já não é fácil encarar uma consulta ao endocrinologista, quanto mais receber uma notícia dessa. O impacto foi grande, e eu decidi que iria lutar a meu favor. Você deve imaginar que não foi nem um pouco fácil, porém foi e tem sido possível mudar minha vida, a partir de então.

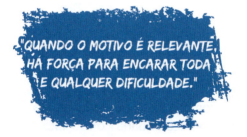

"QUANDO O MOTIVO É RELEVANTE, HÁ FORÇA PARA ENCARAR TODA E QUALQUER DIFICULDADE."

O sentido para meu emagrecimento esteve e está ligado a minha saúde. Agora eu não estou obesa, no entanto, eu tenho a doença da obesidade, por isso me cuido constantemente. Ela é perigosa e apresenta um leque de desdobramentos, como: diabetes, pressão alta, doenças do coração, colesterol elevado, câncer, infertilidade, dor lombar, úlceras, infecções de pele, e por aí vai. Se eu não me cuidar, volto à estaca zero. Tudo o que eu não quero. Não mereço adoecer, por conta de minha falta de cuidado comigo mesma.

Muita gente não tem noção desse perigo, por isso empurra a doença com a barriga, exatamente como eu fiz por vários anos de minha vida. Não quero assustar você, mas preciso dizer que obesidade também mata.

Do fundo do coração, faço-lhe um pedido: interesse-se por você, a partir de agora. Cuide-se! Se isso é algo difícil demais, faça o exercício de pensar em alguém que ama muito e coloque-o em seu lugar. O que faria por essa pessoa, a partir de agora?

É muito comum não termos a autoestima totalmente trabalhada, por isso nos sentimos inaptos para nos valorizar e nos cuidar. Infelizmente, não fomos educados dessa forma. Mas isso não é problema. Você é capaz de fazer escolhas, lembra? Nada como um dia após o outro.

A vida é uma só. E, como você, não há ninguém no mundo. Já parou para pensar nisso? Além disso, sempre é tempo de recomeçar, independentemente do que tenha acontecido até agora. Você merece seu cuidado. Mãos à obra!

Reflita

O que você pode fazer para valorizar mais sua vida?

Você merece lembrar:

- ✓ Você pode decidir mudar sua vida.
- ✓ Sua saúde depende de seu cuidado.
- ✓ Quando a cabeça não pensa, o corpo padece.

Coloque em prática agora!

- ✔ Organize seu tempo para se cuidar.
- ✔ Pesquise sobre assuntos ligados à obesidade. Ler emagrece!
- ✔ Faça uma lista do que deve fazer, a partir de agora, em favor de sua saúde.
- ✔ Entenda o medo que sente de se tratar com amor e atenção. Fale sobre ele com alguém de sua confiança.
- ✔ Observe a sua volta o que pode fazer para mudar sua atitude.
- ✔ Procure ajuda.

ANOTAÇÕES

5

ATIVIDADE FÍSICA: COM OU SEM VONTADE, O QUE IMPORTA É O BENEFÍCIO

5

ATIVIDADE FÍSICA: COM OU SEM VONTADE, O QUE IMPORTA É O BENEFÍCIO

Emagrecer sem atividade física é o mesmo que acreditar em história para boi dormir. Não dá. Aliás, até dá, mas não vai muito longe. Além disso, existe o fator saúde e qualidade de vida. É preciso pensar o projeto a longo prazo.

Falei para você que não sou nenhuma atleta. Faço pilates por pura identificação. É ótimo, mas nem por isso vou para a aula na maior animação. Com ou sem vontade, decido que vou e ponto final. Faço isso porque me conheço e sei que dou nó em pingo d'água para me convencer de que não tenho tempo, que há compromisso mais importante, que não tenho energia alguma e mereço descansar, enfim, pura desculpa para fugir da responsabilidade.

Você tinha de ter visto minha cara no dia em que uma amiga disse que eu teria de fazer atividade física para o resto da vida. Recebi isso como uma ofensa e cheguei a duvidar se ela realmente era minha amiga.

Em meu entendimento teria de frequentar a academia por um ano e pronto. Seria sofrido, mas teria um fim. Não sabia que o raciocínio era o mesmo que se dá para as necessidades pessoais, por exemplo alimentação, higiene, descanso. Se a necessidade não for suprida, algo não vai funcionar. Simples assim.

Como herança de maus hábitos, que me levaram a carregar 40 kg a mais, adquiri algumas hérnias que estão espalhadas pela minha coluna cervical e lombar. Hoje, se não fizer atividade física, inevitavelmente sentirei muita dor.

> "FOQUEI NO LADO BOM DE FAZER ATIVIDADE FÍSICA PENSANDO NO BENEFÍCIO QUE ME TRARIA, E NÃO NA DIFICULDADE DE REALIZÁ-LO."

Entretanto, essa decisão é pessoal. Só você pode fazer isso e é livre para fazê-lo. Não é uma questão de certo ou errado, e, sim, de assumir nova postura diante do que realmente faz sentido para você e que está aí dentro. Só não se esqueça de que qualquer escolha tem sua consequência.

Reflita

Como você vê a atividade física dentro de seu processo de emagrecimento?

Você merece lembrar:

- ✓ Saúde é o bem mais precioso que temos. Comprovar isso depois de perdê-la é bem mais doloroso.
- ✓ Escolher a atividade física com a qual mais se identifica não o exime do sacrifício da fidelidade em realizá-la.
- ✓ Inventar desculpas esfarrapadas para não fazer algo toma parte de sua energia, que pode ser mais bem empregada.

Coloque em prática agora!

- ✓ Busque ajuda profissional para ajudá-lo a definir qual é a atividade física específica para seu caso.
- ✓ Pense no que pode fazer para driblar as impossibilidades que surgirem no meio do caminho.

- Ouça seu corpo e detecte quais são as necessidades dele.
- Surpreenda-se consigo mesmo ao desafiar-se a ser melhor e ir mais longe.
- Busque novas soluções para o mesmo problema.

ANOTAÇÕES

59

6

O QUE A COMIDA DA FESTA TEM A VER COM O PERDÃO?

6

O QUE A COMIDA DA FESTA TEM A VER COM O PERDÃO?

Eu comia muito e o tempo todo. Não dava tempo nem de sentir fome. Ao participar de alguma festa, desesperava-me o fato de pensar que, por algum motivo, a comida iria acabar, antes de chegar até mim.

Nas festas sempre me sentava ao lado de alguma criança ou pessoa de idade. Então, ou pedia para a criança buscar mais comida para mim ou me oferecia para buscar mais comida para a senhorinha. E, quando o garçom me oferecia algo, fazia cara de quem iria comer só para não fazer desfeita. Tinha o cuidado de revezar os garçons para não dar muito na cara. Dá trabalho manter a forma redonda!

Claro que, mesmo com tudo isso, meu sonho era o de emagrecer. Mas minhas tentativas eram ingênuas, justamente porque eu não sabia contra o que estava lutando.

> "MUITO MAIS DO QUE ESTAR GORDA, EU ESTAVA SUFOCADA EM MEIO À GORDURA. INCONSCIENTEMENTE TENTAVA PREENCHER COM COMIDA O BURACO ENORME QUE HAVIA AQUI DENTRO. CONTUDO, A FOME ERA DE AFETO, CAUSADA POR UM PROBLEMA DE RELACIONAMENTO FAMILIAR."

Mais uma vez eu desejei algo, que no caso era arrumar a bagunça interior e buscar a reconciliação de que precisava. Mas, como não tinha essa consciência, comia, comia, comia... Como se isso fosse suprir minha necessidade e resolver meu problema, quando, na verdade, estava adquirindo outro problema bem maior.

Isso durou até o dia em que consegui perdoar a pessoa em questão e entendi que ela não era perfeita. E que, na verdade, eu era responsável, conscientemente ou não, por tudo o que havia permitido acontecer em meu corpo e em minha vida. Nada como um dia após o outro.

Se você tem alguma situação pendente, tenha atitude e tome a iniciativa de procurar quem o magoou. Tenha a certeza de que você será a pessoa mais beneficiada nesse movimento. Engolir sapos engorda, e muito! Eles são calóricos "pra caramba" e, como se não bastasse, imobilizam nossos sonhos. Saia de sua zona de conforto, arrisque, tenha a dignidade e humildade de lutar a seu favor.

Reflita

Já se desafiou, a ponto de enfrentar seu medo e fazer aquilo que, lá no fundo, você sabe que fará bem a você?

Você merece lembrar!

- ✓ Não é normal comer muito e desesperadamente. O que você está tentando suprir?
- ✓ É possível comer de forma equilibrada. É uma questão de descoberta, treino e dedicação, com a ajuda de um profissional.
- ✓ Você não é só sua boca. Tem sentimentos, aspirações, inteligência, talentos, consciência e muito mais.
- ✓ Colocar tudo isso para funcionar só depende de você.

Coloque em prática agora!

- ✓ Liste tudo o que você come durante o dia. Tudo mesmo.
- ✓ Use sua criatividade e pense em outras coisas que pode fazer, em vez de comer.
- ✓ Questione-se sobre o porquê vai comer toda vez que está diante da comida.
- ✓ Exercite seu pensamento a lutar a seu favor.
- ✓ Coloque-se no lugar das pessoas, tente entender o lado delas e verá que o perdão pode ser possível.
- ✓ Converse com você mesmo e fale sobre sua dor, seus sonhos, seus limites, suas perspectivas. Dessa forma, você se entenderá melhor e terá mais compaixão consigo mesmo.

ANOTAÇÕES

69

{ 7 }
AMIZADE AJUDA A EMAGRECER

7

AMIZADE AJUDA A EMAGRECER

São muitas as pessoas que me ajudaram a emagrecer. De forma especial, elas me ajudaram a expressar meus sentimentos e perceber que eu tinha sonhos. Todavia, não sabia exatamente onde eles estavam guardados.

Tudo começou quando uma amiga, muito querida, perguntou-me se eu pensava na possibilidade de buscar ajuda médica, para começar o processo de emagrecimento. Ela sabia de minha luta e de meu desânimo, ao mesmo tempo. Eu respondi que sim, e ela me indicou o profissional. Assim começou todo o processo.

A partir desse fato, eliminei 40 kg e mantenho meu peso de forma tranquila, há 10 anos. Isso reforça, mais uma vez, a importância das pessoas em meu processo de emagrecimento, especialmente, nos momentos em que eu não soube falar de minhas necessidades, meus anseios, desejos e sonhos.

Em meio a esse processo, essa mesma amiga me perguntou se eu pensava na possibilidade de fazer cirurgia de redução de mamas. Não era apenas uma questão de estética, sentia muita dor na coluna, por conta do peso. Apesar disso, nunca havia pensado na possibilidade, por motivo financeiro também. Com o "empurrão" dela, passei pela cirurgia, muita coisa boa aconteceu, e a vida mudou para melhor.

Anos depois, outra amiga me perguntou se eu pensava em fazer pós-graduação. Eu não havia pensado nisso ainda. Ela me indicou a pós em *Counseling*, responsável pela guinada total do entendimento que tenho sobre minha história e, de forma especial, sobre o fato de ter engordado tanto. Eu nasci de novo, sou uma nova mulher e consigo ajudar outras pessoas também.

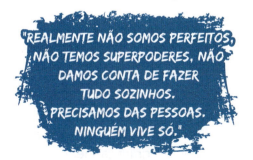

"REALMENTE NÃO SOMOS PERFEITOS, NÃO TEMOS SUPERPODERES, NÃO DAMOS CONTA DE FAZER TUDO SOZINHOS. PRECISAMOS DAS PESSOAS. NINGUÉM VIVE SÓ."

Este livro só chegou até você porque muitas pessoas fizeram e fazem parte dele, direta e indiretamente. Tem noção? Isso é incrível, é uma rede do bem. E, se você abrir-se a ela, será beneficiado e beneficiará muita gente também. A mão é sempre dupla.

Reflita

Quais são as qualidades que seus amigos e familiares veem em você e que você ainda não conseguiu enxergar e assumir como verdade?

Você merece lembrar:

✔ Você pode contar com a ajuda das pessoas.
✔ Nutra seus relacionamentos.
✔ Esteja atento a você, isso o fará atento ao outro.

Coloque em prática agora!

✔ Entre em contato com alguém que o ajudou de alguma forma e, simplesmente, agradeça-lhe.

- ✓ Escreva sobre a dificuldade que tem de dar o próximo passo, e o que pode ser feito para melhorar isso.
- ✓ Como está sua percepção em relação às possibilidades que a vida lhe apresenta, por intermédio das pessoas?
- ✓ Em que situação você foi a pessoa que ajudou alguém a enxergar que ela é mais do que pensava ser?
- ✓ Questione-se sobre suas atitudes diante da vida.

ANOTAÇÕES

8

QUANDO QUISER, EU EMAGREÇO

QUANDO QUISER, EU EMAGREÇO

Fui convidada para ser madrinha de casamento de uma amiga, para lá de especial. Feliz, imediatamente, pensei no vestido que iria usar. Tudo bem que eu precisava emagrecer uns 12 kg para entrar nele... Mas, isso seria fácil, *era só querer emagrecer*.

O convite foi feito com um ano de antecedência. Prazo perfeito para eu me sentir como se fosse a dona do tempo. Toda vez que me via diante de comida farta, pensava o seguinte: "Amanhã começo a dieta e surpreenderei todo mundo no dia da festa".

O problema é que esse *amanhã* nunca chegou. Só não desisti de ser madrinha porque achei chato dizer isso para minha amiga. No dia do casamento, estava com 10 kg a mais. Lembre-se de que eu já estava gorda ao receber o convite. Sensação horrorosa de indignidade. Queria abrir um buraco no chão, entrar e ficar por lá mesmo.

> "QUANDO EU QUISER, EU EMAGREÇO..." FRASE PARA LÁ DE MENTIROSA, NA QUAL ACREDITEI POR LONGOS ANOS. NASCI QUERENDO EMAGRECER! E AÍ?"

> "EU NÃO TINHA FORÇA DE VONTADE PORQUE NÃO ASSUMIA A VONTADE DE EMAGRECER. E NÃO O FAZIA PORQUE NÃO TINHA NOÇÃO DO QUE SIGNIFICAVA EMAGRECER. NO FUNDO, O QUE EU BUSCAVA NÃO ERA O EMAGRECIMENTO PURO E SIMPLESMENTE, E, SIM, O ENCONTRO COMIGO MESMA, SÓ NÃO SABIA DISSO."

Era como uma balança: o lado que mais pesava continha meu hábito alimentar descabido e desordenado, falta de conhecimento sobre minha história e sobre o funcionamento de meu organismo, carência, ansiedade, solidão, desespero, medo de não ser aceita, baixa autoestima, timidez, fuga de meus problemas, dificuldade de enfrentá-los e, mais ainda, de solucioná-los eficazmente, falta de informação sobre como tudo poderia funcionar da melhor maneira, inclusive o emagrecimento em si. Do outro lado da balança, havia somente a vontade de emagrecer. Sem dúvida, uma luta desigual.

Aprendi que, quando o assunto *sou eu*, preciso ser mais coerente, sensível, amorosa, paciente, bondosa e generosa. Estou lidando com uma obra de arte exclusiva. Há um modo de fazer isso e está aqui dentro. A partir do momento em que você se olhar dessa maneira, irá vislumbrar muita novidade a seu respeito, e o emagrecimento passará a ser consequência.

Reflita

Mudar a forma de agir consigo mesmo é algo impossível ou apenas o próximo passo?

Você merece lembrar:

- ✔ Tudo parece difícil, até que seja feito.
- ✔ Fracassar tentando não é ruim, ruim é não tentar.
- ✔ Força de vontade é algo que deve ser trabalhado como um músculo. O segredo está na constância e em alinhar o peso do exercício, de acordo com sua capacidade.

Coloque em prática agora!

- ✔ Liste todas as mentiras com as quais você tem se enganado, com o objetivo de não crescer como pessoa.
- ✔ Foque no resultado.
- ✔ Escreva o que pode fazer para se adaptar à nova forma de se cuidar, amar-se e se respeitar.
- ✔ Defina desafios para superar-se.
- ✔ Pare de procrastinar. Monte sua agenda, estabeleça metas e seja firme com elas.
- ✔ Comemore cada passo conquistado. Isso faz muita diferença.

ANOTAÇÕES

89

9

NÃO SE ASSUSTE SE, AO EMAGRECER, ALGUMAS PESSOAS SE AFASTAREM DE VOCÊ

9

NÃO SE ASSUSTE SE, AO EMAGRECER, ALGUMAS PESSOAS SE AFASTAREM DE VOCÊ

Surpreendi-me muito com as pessoas em meu processo de emagrecimento. E isso se deu de várias maneiras. Cheguei à conclusão de que, quando há abertura de nossa parte, tudo acontece. Recebi ajuda concreta de pessoas que eu nem conhecia, mas que, do nada, surgiram em minha frente, no momento em que eu mais precisava.

Por outro lado, não entendia a postura de algumas pessoas próximas, que insistiam em me fazer desistir do propósito de emagrecer, sabendo que isso me faria bem. *Aliás, o fato de emagrecer transformou minha vida.*

No início, eu pensava que era uma forma de se unir a minha dor, ou melhor, para que a ver sofrer por algo impossível. Aos poucos, comecei a perceber que emagrecer era possível e que me faria sentir bem, mas, mesmo assim, elas insistiam em me fazer desistir. Ou seja, o motivo era outro.

No fundo elas queriam meu bem, por outro lado, é difícil ver alguém tomar atitude diante da vida, não é? Dá a impressão de que se está ficando para trás. Eu mesma já tive essa sensação, várias vezes.

Ao decidir por mim e buscar emagrecer, essas pessoas percebiam que eu estava sendo capaz de enfrentar meus medos, estava melhorando como pessoa, superando-me e me transformando, isto é, estava mudando de fase. Isso é quase que insuportável para muita gente, que ainda não decidiu mudar sua própria vida. Ou seja, é como se fosse uma afronta para elas, embora de sua parte não seja, entende?

"O SEGREDO ESTÁ EM SABER DISCERNIR. NEM CÉU, NEM MAR. NÃO SE DEIXE INFLUENCIAR NEGATIVAMENTE PELAS PESSOAS E, AO MESMO TEMPO, NÃO SEJA INDIFERENTE A ELAS. CADA UM EM SEU LUGAR. UMA COISA É SUA VIDA, SEU FUTURO, SEUS SONHOS; OUTRA COISA É A IMPORTÂNCIA QUE AS PESSOAS TÊM COMO SER HUMANO. MERECEM RESPEITO."

A distância segura de proteção só pode ser estipulada por você. Se não o fizer, muito provavelmente morrerá na praia.

Estamos falando de projeto de vida, não é qualquer coisa. Exige postura, visão, responsabilidade, maturidade, disciplina. E é totalmente possível. Se eu emagreci 40 kg, mantendo meu peso há 10 anos, significa que é uma realidade possível e que você também pode.

Reflita

O que está fora de ordem em suas relações e o que não o favorece em nada, neste momento de decisão?

Você merece lembrar:

✓ Aceitar e encarar desafios é um grande aprendizado.

✓ Você não é apenas o que as pessoas esperam que você seja.

✔ Aceite e respeite as pessoas da forma que elas são; contudo faça sua parte.

Coloque em prática agora!

✔ Escreva sobre tudo o que vai perder, se não tomar uma nova atitude diante da vida.

✔ Questione-se, questione-se, questione-se!

✔ Desapegue-se de tudo o que fez até agora para emagrecer, abra a visão e acolha as novas possibilidades.

✔ Construa sua história de acordo com seus sonhos.

ANOTAÇÕES

"O PRIMEIRO PASSO FOI ME OLHAR COM COMPAIXÃO, ASSUMIR MINHAS DORES (EU ERA TOTALMENTE INDIFERENTE A ELAS), PERDOAR-ME E RECONHECER QUE PRECISAVA DE AJUDA."

"A VIDA É UMA SÓ. E, COMO VOCÊ, NÃO HÁ NINGUÉM NO MUNDO. JÁ PAROU PARA PENSAR NISSO? ALÉM DISSO, SEMPRE É TEMPO DE RECOMEÇAR, INDEPENDENTEMENTE DO QUE TENHA ACONTECIDO ATÉ AGORA. VOCÊ MERECE SEU CUIDADO. MÃOS À OBRA!"

"ESTE LIVRO SÓ CHEGOU ATÉ VOCÊ PORQUE MUITAS PESSOAS FIZERAM E FAZEM PARTE DELE, DIRETA E INDIRETAMENTE. TEM NOÇÃO? ISSO É INCRÍVEL, É UMA REDE DO BEM. E, SE VOCÊ ABRIR-SE A ELA, SERÁ BENEFICIADO E BENEFICIARÁ MUITA GENTE TAMBÉM. A MÃO É SEMPRE DUPLA."

A marca FSC® é a garantia de que a madeira utilizada na fabricação do papel deste livro provém de florestas que foram gerenciadas de maneira ambientalmente correta, socialmente justa e economicamente viável.

Este livro foi composto com as famílias tipográficas Edo SZ e Segoe e impresso em papel Offset 75g/m² pela **Gráfica Santuário.**